Die Deutsche Bibelgesellschaft ist eine kirchliche Stiftung des öffentlichen Rechts. Sie übersetzt die biblischen Schriften, entwickelt und verbreitet innovative Bibelausgaben und eröffnet für alle Menschen Zugänge zur Botschaft der Bibel. International verantwortet sie die wissenschaftlichen Bibelausgaben in den Ursprachen. Durch die Weltbibelhilfe unterstützt sie in Zusammenarbeit mit dem Weltverband der Bibelgesellschaften (United Bible Societies) weltweit die Übersetzung und Verbreitung der Bibel, damit alle Menschen die Bibel in ihrer Sprache lesen können.

Weitere Informationen finden Sie unter www.die-bibel.de

MIX
Papier aus verantwortungsvollen Quellen
FSC® C002795
FSC www.fsc.org

ISBN 978-3-438-04651-2

Nacherzählung und Nachworte: Hellmut Haug
Illustrationen: Kees de Kort

Gestaltung: Michaela Mayländer, Stuttgart
Druck: Livoniaprint, Riga

Printed in Latvia

Gott erschafft die Welt

Am Anfang schuf Gott
den Himmel und die Erde,
die ganze Welt.
Alles, was es gibt, kommt von Gott.
Er hat es gemacht.

Auf der Erde war es zuerst
wüst und leer.
Es war ganz finster.

Gott rief: „Es werde Licht!“
Da wurde es hell.

Und Gott sah, dass es gut war.

Gott sagte:
„Über der Erde soll der blaue Himmel sein.
Von der Erde soll Wasserdampf aufsteigen
und sich in den Wolken sammeln."

Und Gott sah, dass es gut war.

Gott sagte:
„Hier soll Land sein, und dort Meer.
Das Wasser soll nicht die ganze Erde überfluten."

Und Gott sah, dass es gut war.

Gott sagte:
„Auf der Erde sollen grüne Pflanzen wachsen:
Gras, Kräuter, Büsche und Bäume.
Es sollen Blumen blühen und Früchte reifen.“

Und Gott sah, dass es gut war.

Gott sagte: „Am Himmel sollen Lichter sein!“
Er machte die Sonne für den Tag.

Er machte für die Nacht den Mond und die Sterne.
Und Gott sah, dass es gut war.

Gott sagte:
„Im Wasser soll sich Leben regen!“

Er machte die Fische.
Er machte alles, was im Wasser lebt,
auch die Muscheln und die Seesterne.

Gott sagte:
„In der Luft soll sich Leben regen!“

Er machte die Vögel, die über die Erde fliegen,
die großen und die kleinen.
Und Gott sah, dass es gut war.

Gott sagte:
„Auch auf dem Land soll sich Leben regen!“
Er machte die vielen Tiere, die auf dem Land leben.
Und Gott sah, dass es gut war.

Er sagte zu den Landtieren,
zu den Vögeln und zu den Fischen:
„Vermehrt euch!
Breitet euch über die ganze Erde aus.“

Gott sagte:
„Jetzt will ich etwas schaffen, das mir ähnlich ist.
Ich will Menschen machen."
Und er schuf den Menschen nach seinem Bild,
Mann und Frau.

Gott sagte zu den Menschen:
„Vermehrt euch und breitet euch über die Erde aus!
Ich setze euch über die Fische und die Vögel
und über alle anderen Tiere.
Ich vertraue sie eurer Fürsorge an."

Gott sah alles an, was er geschaffen hatte.
Und Gott sah:
Es war alles sehr gut.

Dann ruhte Gott. Er sagte:
„Ich habe alles vollendet.
Auch die Menschen sollen einen Ruhetag halten.
Sie sollen mich, ihren Schöpfer, preisen."

So hat Gott Himmel und Erde erschaffen.

Gott hat alles erschaffen.
Er hat die Blumen gemacht und die Bäume
und auch die Tiere.
Alles ist schön und gut.

Gott hat auch die Menschen erschaffen.
Aber die Menschen machen Gott keine Freude.

Sie streiten miteinander.
Sie schlagen einander tot.

Noah und seine Frau sind traurig.
Die Menschen sind so böse.

Gott sagt zu Noah:
„Bau dir ein großes Schiff, eine Arche.
Für dich, deine Frau und deine Söhne.
Auch die Tiere sollen in der Arche Platz haben."

Noah baut die Arche.
Seine Söhne helfen ihm.

Die Leute sagen:
„Hier kann doch kein Schiff schwimmen!
Hier ist doch kein Wasser."

Die Arche ist fertig.
Es fängt an zu regnen.
Es regnet in Strömen.

Es regnet und hört nicht mehr auf.
Das Wasser steigt.
Die Sintflut kommt.

Gott sagt zu Noah:
„Geh mit deiner Familie in die Arche!
Nimm von allen Tieren zwei mit,
ein Männchen und ein Weibchen."

Gott sagt:
„Ich will nicht, dass alles Leben untergeht."

Es regnet und regnet.
Überall ist Wasser.

Das Wasser ist höher als die Berge.
Die Arche schwimmt auf dem Wasser.

Es hört auf zu regnen.
Das Wasser sinkt.
Noah sieht die Spitzen der Berge.

Die Arche bleibt auf einem Berg stehen.
Noah lässt eine Taube fliegen.

Die Taube kommt wieder zurück.
Sie kann nirgends bleiben.
Überall ist noch Wasser.

Noah wartet sieben Tage.
Er lässt die Taube ein zweites Mal fliegen.
Wieder kommt sie zurück.
Sie bringt einen grünen Zweig.

Noah wartet nochmals sieben Tage.
Dann lässt er die Taube zum dritten Mal fliegen.
Sie kommt nicht mehr zurück.
Die Erde ist trocken.

Gott sagt zu Noah:
„Jetzt könnt ihr aus der Arche gehen!
Du, deine Familie und alle Tiere.“

Noah baut einen Altar.
Er opfert Gott ein Tier.
Alle sind froh und rufen:
„Wir danken dir, Gott."

Gott sagt:
„Habt keine Angst.
Ich verspreche euch, es kommt keine Sintflut mehr.
Seht den Regenbogen am Himmel!
Nach dem Regen scheint wieder die Sonne.
So soll es immer bleiben."

Der Regenbogen

Wir kennen diese Geschichte für gewöhnlich unter dem Titel „Die Arche Noah": Die Arche Noah hat für Kinder eine unerschöpfliche Anziehungskraft. Zahllose Bilderbücher und Spielzeugzoos zeugen davon. Alle Tiere dieser Welt in einem großen „Kasten" beisammen: Das ist wahrlich ein Thema, das die Phantasie beflügeln kann!

Aber diese heitere Geschichte hat einen sehr ernsten Hintergrund. Es geht in ihr um nicht weniger als um das Fortbestehen des Lebens auf der Erde. Das gibt der alten Erzählung heute eine beklemmende Aktualität.

Schon in jener alten Zeit ist es der Mensch, von dem die Gefährdung der Schöpfung ausgeht.

Er hat auf der Erde Zustände geschaffen, die den Schöpfer zum Eingreifen nötigen: *Der Herr sah, dass die Menschen auf der Erde völlig verdorben waren. Alles, was aus ihrem Herzen kam, ihr ganzes Denken und Planen war durch und durch böse. Das tat ihm weh und er bereute, dass er sie erschaffen hatte.*

Diese Schilderung gibt schwere Fragen auf. Gott scheint von der Entwicklung überrascht. Hätte er das nicht alles voraussehen müssen? Wer so denkt, vergisst, dass der Mensch kein kalkulierbares Wesen ist. Auch und gerade für Gott nicht. Der Schöpfer hat ihn als freies Wesen geschaffen. Was für ein ungeheures Risiko er damit einging, das kommt jetzt an den Tag.

Noch ein zweites Mal gibt die Erzählung uns Fragen auf, am Ende, als Gott seine Strafaktion „bereut":

Ich will die Erde nicht noch einmal bestrafen und alles Leben auf ihr ausrotten nur weil die Menschen so schlecht sind. Ihr Denken und Tun ist nun einmal böse von Jugend auf.

Sollen wir daran Anstoß nehmen, dass der biblische Erzähler Gott so wankelmütig schildert – als hätte er nicht so recht gewusst, was er will und worauf er sich bei seiner Schöpfung eingelassen hat? Doch das ist nur die Hülle. Die Botschaft ist klar: Gott hat ein reinigendes Strafgericht vollzogen. Aber die Katastrophe bleibt begrenzt: Das Leben geht weiter, der Mensch erhält eine neue Chance. Gott hält an seinem Schöpfungsplan fest. Er spricht nicht das „Aus", sondern übt Geduld. Er erweist sich als der liebende Vater,

der auf die freie Zuwendung seiner Geschöpfe, auf die Antwort der Liebe, wartet.

Von dieser Liebe spricht noch einmal tröstlich und ermutigend der Schluss der Geschichte. Gott sagt zu Noah:

Ich will das Leben nicht ein zweites Mal vernichten. Die Flut soll nicht noch einmal über die Erde hereinbrechen. Als Zeichen dafür setze ich meinen Bogen in die Wolken. Jedes Mal, wenn ich Regenwolken über der Erde zusammenziehe, soll der Bogen in den Wolken erscheinen und dann will ich an das Versprechen denken das ich euch und allen lebenden Wesen gegeben habe.

Die Geschichte von der Sintflut und vom Regenbogen steht in 1. Mose/Genesis von Kapitel 6, Vers 5, bis Kapitel 9, Vers 17.

Abraham

Am großen Fluss wohnt Abraham
mit seiner Frau Sara.
Hier haben sie ihr Haus.
In der Nähe wohnen ihre Verwandten.

Abraham und Sara sind schon alt.
Sie haben keine Kinder.

Gott sagt zu Abraham:
„Geh fort von hier!
Lass alles zurück,
dein Haus und deine Verwandten!
Ich bringe dich in ein anderes Land.
Ich will dich segnen.
Ich mache dich zum Vater von einem großen Volk."

Abraham tut das, was Gott ihm sagt.
Er macht sich auf den Weg.

Seine Frau Sara und sein Neffe Lot gehen mit,
auch seine Hirten und seine Tiere.

Die Reise dauert lange.
Sie kommen durch viele Städte und Länder.
Jetzt sind sie im Land Kanaan.

Gott sagt zu Abraham:
„Dies ist das Land!
Ich gebe es dir und deinen Kindern.“

Abraham baut einen Altar für Gott.
Er opfert Gott ein Tier und dankt ihm.

Abraham und Sara sind schon sehr alt.
Abraham sagt zu Gott:
„Wir warten schon so lange!
Bald sind wir tot.
Wann bekommen wir ein Kind?“

In einer Nacht sagt Gott zu Abraham:
„Sieh die vielen Sterne!
Du kannst sie nicht zählen.
So zahlreich werden deine Kinder sein.“

Abraham vertraut Gott.
Er glaubt das, was Gott ihm sagt.

Einmal sitzt Abraham vor seinem Zelt.
Drei Männer kommen.

Abraham sagt: „Kommt herein!“

Sara gibt den Männern zu essen.

Einer von den Männern sagt zu Abraham:
„Ich habe dir viele Kinder versprochen.
Im nächsten Jahr komme ich wieder.
Dann wird Sara einen Sohn haben."
Abraham erschrickt:
Wer ist das? Wer hat mich da besucht?

Sara hört, was der Mann sagt.
Sie glaubt es nicht. Sie lacht.
Sara denkt:
„Wir werden keinen Sohn haben.
Wir sind zu alt.“

Der Mann sagt:
„Warum lacht Sara?
Für Gott ist nichts unmöglich.“

Nach einem Jahr haben sie einen Sohn.
Sie nennen ihn Isaak.

„Isaak“ erinnert in ihrer Sprache an „Lachen“.
Sara hat gelacht.
Jetzt kann sie vor Freude lachen.

Abraham und Sara freuen sich.
Sie haben einen Sohn.
Abraham ist fast 100 Jahre alt.

Gott tut das, was er sagt.

Abraham

Die Geschichte von Abraham und seiner Frau Sara beginnt mit einer starken Zumutung: Abraham soll seine Heimat, seine Verwandten verlassen und ins Ungewisse aufbrechen. Das ist für einen Menschen des Altertums, der noch ganz in die Großfamilie eingebettet war, ein schwerwiegender Schritt. Ein eindeutiges Ziel wird nicht genannt. Gott will Abraham führen, aber Abraham weiß nicht, wohin.

Die Geschichte endet mit einem häuslichen Idyll: Ein Kind wird geboren, die Eltern strahlen vor Glück. Das Unerhörte und Einmalige mündet, so scheint es, in das Allergewöhnlichste, das überall und alle Tage geschieht. Doch der Schein trügt. Mit dieser Geburt hat es etwas Besonderes auf sich. Als Abraham aus seinem bisherigen Lebenskreis herausgerufen wurde, bekam er nicht nur eine neue Heimat versprochen: das eigene Land. Er bekam auch die Zusage, dass von ihm ein ganzes Volk abstammen sollte. Wie könnte das geschehen, wenn Abraham kinderlos sterben sollte?

Mit Abraham macht Gott einen neuen Anfang. Die vorausgehenden Kapitel der Bibel haben gezeigt, wie die Menschen sich von Gott abwenden: Sündenfall, Brudermord, Unrecht und Gewalt in der Sintflutgeneration, die Herausforderung Gottes durch den gigantischen Turmbau. Nun handelt Gott noch einmal als Schöpfer: Nach der Erschaffung von Welt und Menschheit erschafft er sich ein Volk. An diesem Volk soll sichtbar werden, wozu der Mensch bestimmt ist: Gott als seinen Schöpfer zu ehren und seine Mitmenschen zu lieben wie sich selbst.

Die Berufung Abrahams zielt auf Israel, das erwählte Gottesvolk.

Ein Werk des göttlichen Schöpfers ist dieses Volk, kein Ergebnis natürlicher Entwicklung oder menschlicher Planung. Das wird deutlich an der Geburt des Sohnes, an dem die göttliche Zusage hängt (des einzigen; denn erst der Abraham-Enkel Jakob hat zwölf Söhne, die Stammväter des Volkes Israel). Alle Umstände deuten darauf hin, dass hier Gott als Schöpfer handelt. Abraham und Sara stehen schon in hohem Alter. Nach menschlichem Ermessen können sie keine Kinder mehr bekommen. Aber: „Sollte dem Herrn etwas unmöglich sein?“ (1. Mose/Genesis 18,14) Das ist die eine Seite. Die andere: Zu diesem zweiten Schöpfungswerk braucht Gott die Beteiligung des Menschen. Nicht seine natürliche Kraft, sondern seinen Gehorsam, sein Vertrauen. Abraham vertraut Gott, gegen alle Zweifel der Vernunft, und gerade so kann Gott seine Zusage an ihm wahr machen. Als der Glaubende, Vertrauende ist Abraham der wahre Vater des erwählten Volkes (vgl. im Römerbrief Kapitel 4, besonders die Verse 11 und 12). Aber der Weg dorthin führt auch für Abraham durch Zweifel, Versuchungen und Irrungen.

Die ausführliche Geschichte Abrahams steht in 1. Mose/Genesis Kapitel 12 bis 25.

Esau und Jakob

Isaak ist groß geworden.
Er hat jetzt selbst Kinder.
Seine Frau heißt Rebekka.
Sie kommt aus der Heimat Abrahams.
Der ältere Sohn ist Esau, der jüngere Jakob.

Esau wird ein Jäger.
Mit Pfeil und Bogen
streift er durch Feld und Wald.

Vater Isaak isst gerne gebratenes Wild.
Er liebt Esau,
weil Esau ihm leckeren Braten bringt.

Jakob ist der Liebling seiner Mutter Rebekka.
Er bleibt lieber zu Hause.
Er sorgt für die Schafe.

Schon vor der Geburt von Esau und Jakob
hat Gott zu Rebekka gesagt:
„Der jüngere Sohn wird der Herr,
der ältere Sohn wird sein Knecht."

Isaak ist alt und blind.
Er ruft Esau und sagt:
„Ich will dich segnen, bevor ich sterbe.
Du bist der Ältere, du sollst der Erbe sein.
Jage mir ein Wild
und mach mir einen leckeren Braten.
Wenn ich mich gestärkt habe, segne ich dich.“

Rebekka hat es gehört.
Sie ruft Jakob und sagt:
„Den Segen musst doch du bekommen!
Hol schnell zwei junge Ziegenböckchen.
Ich mache daraus einen leckeren Braten."

Jakob sagt:
„Der Vater wird merken, dass ich nicht Esau bin.
Meine Haut ist glatt, die Haut Esaus ist rau."
Rebekka holt Esaus Sonntagskleider.
Sie wickelt das raue Ziegenfell um Jakobs Arme.

Jakob geht zu seinem Vater.
Isaak kann ihn nicht sehen.
Er fragt: „Wer ist da?"
Er betastet Jakobs Hände.
Jakob sagt:
„Ich bin es, dein Sohn Esau."

Isaak sagt:
„Die Stimme ist von Jakob,
aber die Hände sind von Esau."
Isaak isst den leckeren Braten.

Isaak segnet Jakob.
Er legt ihm die Hände auf und sagt:
„Auf dir soll der Segen ruhen!
Dir soll gehören,
was Gott meinem Vater Abraham versprochen hat.
Gott schenke dir Korn und Wein in Fülle!
Du sollst der Herr sein,
dein Bruder der Knecht.“

Schnell geht Jakob weg.
Schon kommt Esau mit dem gebratenen Wild.

Esau sagt: „Vater, segne mich!"
Isaak erkennt die Stimme.
Er erschrickt.
Er ruft: „Ja, du bist Esau.
Und ich habe den Segen deinem Bruder gegeben!"

Esau schreit laut auf.
Er schwört:
„Das soll Jakob mir büßen!“
Esau will Jakob totschlagen.

Rebekka sagt zu Jakob:
„Flieh! Bring dich in Sicherheit!
Geh zu meinen Verwandten.
Dorthin, wo dein Großvater Abraham herkam.
Dein Bruder will dich töten.“

Jakob läuft, bis es dunkel wird.
Dann sucht er sich einen Platz zum Schlafen.
Ein Stein ist sein Kopfkissen.

In der Nacht hat Jakob einen Traum.
Er sieht: Das Himmelstor ist offen.
Eine Treppe geht vom Himmel bis auf die Erde.
Engel kommen auf der Treppe zur Erde herunter,
andere Engel steigen zum Himmel hinauf.
Ganz oben auf der Treppe steht Gott.
Er sagt zu Jakob:

„Ich bin der Gott deines Vaters Isaak
und deines Großvaters Abraham.
Ich gehe mit dir.
Ich bringe dich wieder hierher zurück.
Das Land, auf dem du liegst,
soll dir und deinen Kindern gehören.
Ich segne dich.
Ich mache dich zum Vater von einem großen Volk.“

Jakob erwacht.
Er ruft: „Hier wohnt Gott!
Hier ist das Himmelstor!
Wenn ich wiederkomme,
will ich hier ein Haus für Gott bauen."

Jakob wandert weiter. Er hat keine Angst mehr.
Er weiß: Gott hilft mir. Gott geht mit.

Esau und Jakob

Die Geschichte der Zwillingsbrüder Esau und Jakob ist rätselhaft und anstößig. Da hintergeht der jüngere Sohn auf Anstiften der Mutter den alten, erblindeten Vater und erschleicht den Segen, der dem Erstgeborenen zusteht. Er muss es büßen durch jahrzehntelange Verbannung in die Fremde; aber er bleibt der Gesegnete. Der Betrug erscheint auch noch gerechtfertigt, weil durch ihn die Zusage in Erfüllung geht, die Gott der Mutter schon vor der Geburt der beiden gegeben hat: „Der Ältere wird dem Jüngeren dienen" (1. Mose/Genesis 23,23). Es gibt Züge im Bild Esaus, die (im Bilderbuch nicht dargestellt) seine Zurücksetzung in gewisser Weise verständlich machen. Er heiratet heidnische Frauen und er achtet sein Erstgeburtsrecht so gering, dass er es, in einer augenblicklichen Anwandlung, für ein Linsengericht seinem Bruder Jakob verkauft (1. Mose/Genesis 25,29-34). Aber auch Jakob ist kein Heiliger. Er ist durchtrieben und ist mit allen Mitteln auf seinen Vorteil bedacht. Menschlich gesehen gibt es keine Erklärung dafür, dass Jakob bevorzugt wird. Die Geschichte der Zwillingsbrüder ist ein Musterbeispiel dafür, dass Gottes Entscheidungen frei und unerforschlich sind. (So sieht es der Apostel Paulus im Römerbrief, Kapitel 9, Vers 10-13.) Man kann an ihr lernen, Gott nicht mit unseren menschlichen – auch moralischen – Maßstäben zu messen. Was uns als „Schicksal" widerfährt, ist nicht nach dem Schema von Lohn und Strafe zu verrechnen. Es ist eher eine Aufforderung, etwas daraus zu machen, daran zu wachsen und zu reifen. Die angemessene Frage ist nicht: Warum?, sondern: Wozu?

Kinder haben ein klares Gerechtigkeitsgefühl. Sie werden es nicht leicht haben, sich mit dieser Geschichte abzufinden. Natürlich geht es im Leben nicht immer gerecht zu; aber wenigstens Gott sollte eine unverrückbare moralische Instanz sein. Kommt sonst nicht alles ins Wanken? Man wird hier auf eine Unterscheidung hinweisen müssen: Es heißt in der Geschichte nicht, dass Esau von Gott „verworfen" (verdammt) ist. Auch er bekommt einen Segen, was wiederum im Bilderbuch nicht dargestellt ist; aber er kann eben nicht der Erste sein. Das ist eine Situation, mit der sich gerade Kinder (unter Geschwistern, in der Schule) auseinandersetzen müssen.

Noch ein Wort zum „Segen". Uns ist die Vorstellung fremd geworden, dass ein Mensch Worte ausspricht, die als bloßer Wunsch eine Wirklichkeit, eine wirkende Macht sind. Wir müssen uns sagen lassen, dass das in alten Zeiten – nicht nur in der Bibel – anders war. Etwas davon kann man auch heute noch bei starken Persönlichkeiten erleben. Wir sollten aber auch darüber nachdenken, ob nicht unsere eigenen, vielleicht achtlos hingesprochenen Worte oft Wirkungen haben, mit denen wir gar nicht rechnen. Wer dauernd mäkelt, vergiftet seine Umwelt. Paulus sagt dazu: „Lasst kein faules Geschwätz aus eurem Mund gehen, sondern redet, was gut ist, was erbaut und was notwendig ist, damit es Segen bringe denen, die es hören" (Epheser 4,29).

Die Geschichte von Esau und Jakob findet sich in 1. Mose/Genesis von Kapitel 25, Vers 19, bis Kapitel 33.

Josef

Jakob ist groß geworden.
Er lebt wieder im Land Kanaan.

Er hat zwölf Söhne.
Sein Liebling ist Josef.
Jakob schenkt Josef schöne Kleider.
Die älteren Brüder sind neidisch auf Josef.

Einmal sind die Brüder draußen bei den Schafen.
Josef kommt.
Die Brüder sagen: „Josef muss weg!"
Sie werfen ihn in eine tiefe Grube.
Josef schreit laut.

Fremde Männer kommen vorbei.
Es sind Kaufleute.
Sie wollen nach Ägypten.
Die Brüder ziehen Josef aus der Grube.
Sie verkaufen ihn.

Josef muss mit nach Ägypten.
Dort wird er als Sklave verkauft.
Er muss schwer arbeiten.

Im Land Ägypten ist ein großer Fluss, der Nil.
Es wächst viel Korn.
Viele Menschen wohnen da.

Der König von Ägypten heißt der Pharao.

In einer Nacht träumt der Pharao:

Aus dem Nil kommen sieben Kühe.
Es sind gesunde, prächtige Tiere.
Sie sind groß und fett.

Aber dann kommen sieben andere Kühe.
Sie sind hässlich und mager.
Die mageren Kühe fressen die fetten auf.
Und sie bleiben genauso mager wie vorher.

Der Pharao kann nicht mehr schlafen.
Er grübelt: Was bedeutet der Traum?
Niemand kann es ihm sagen.
Ein Diener sagt zum Pharao:
„Vielleicht kann es Josef.
Er hat mir einen Traum gedeutet.
Alles ist eingetroffen, was er gesagt hat.“

Der Pharao sagt: „Bringt mir Josef!“
Josef darf sein Sklavenkleid ausziehen.
Er bekommt schöne Kleider.

Der Pharao fragt:
„Kannst du mir den Traum erklären?“
Josef sagt:
„Ich kann es nicht. Aber Gott kann es.“

Josef sagt zum Pharao:
„Der Traum kommt von Gott.
Gott hat mir gesagt, was er bedeutet.

Die sieben fetten Kühe sind sieben gute Jahre.
Sieben Jahre lang wächst viel, viel Korn in Ägypten.
Mehr als man essen kann."

„Die sieben mageren Kühe
sind sieben schlechte Jahre.
Sieben Jahre lang wächst überhaupt kein Korn.
Die Menschen haben nichts mehr zu essen.
Sie müssen vor Hunger sterben.

Du musst dafür sorgen, Pharao,
dass sie zu essen haben."

Der Pharao sagt:
„Wie soll ich das machen?"

Josef sagt:
„Sammle das Korn in den sieben guten Jahren!
Baue große Vorratshäuser!
Dann kannst du das Korn verteilen
in den sieben schlechten Jahren."

Der Pharao sagt:
„Du bist klug, Josef.
Du kannst das für mich machen.
Du sollst meine ‚rechte Hand' sein."

Die guten Jahre sind vorbei.
Auf den Feldern wächst nichts mehr.
Die Menschen hungern.
Aber die Vorratshäuser sind voll Korn.
Von überall kommen die Menschen zu Josef.
Er gibt ihnen Korn.

Auch die Brüder Josefs hungern.
Sie kommen nach Ägypten.
Sie wollen Korn kaufen.
Sie erkennen Josef nicht.
Josef sagt zu ihnen:
„Ich bin euer Bruder Josef!
Habt keine Angst, ich bin euch nicht mehr böse."

Josef sagt:
„Gott hat für uns gesorgt.
Deshalb hat er mich nach Ägypten geschickt.
Hier ist genug Brot für alle.
Bringt unseren Vater Jakob hierher!
Ihr habt es böse gemeint,
aber Gott hat alles gut gemacht.“

Josef

Die Geschichte von Josef, der vom verzärtelten Lieblingssohn seines Vaters zum Sklaven in Ägypten wird, um zuletzt zum Stellvertreter des Pharaos aufzusteigen, lässt sich in einem kurzen Bilderbuchtext nur in den gröbsten Umrissen darstellen. Vor allem der Anteil der Brüder an der Geschichte mit all seinen spannenden Momenten kommt dabei zu kurz. Früher oder später sollte man den Kindern deshalb die ganze Geschichte erzählen (oder nach einer Kinderbibel vorlesen).

Im Mittelpunkt der Geschichte (und des Bilderbuchs) steht der Traum des Pharaos. Auch er ist vereinfacht. Der Pharao träumt noch ein zweites Mal: Sieben volle Kornähren werden von sieben leeren, vertrockneten Ähren verschlungen. Die Bedeutung ist dieselbe; aber der Bezug auf die Hungersnot (Überschuss und Mangel an Korn) ist noch deutlicher. Träume spielen auch sonst in der Josefsgeschichte eine wichtige Rolle. Sie sind wie der Traum des Pharaos prophetische Träume, in denen sich, verhüllt in Bildern, die Zukunft ankündigt. Als Josef in Ägypten wegen falschen Verdachts ins Gefängnis geworfen wurde, hat er zwei Mitgefangenen ihre Träume gedeutet und ihnen damit ihr künftiges Schicksal vorausgesagt. Das ist die Voraussetzung dafür, dass er zum Pharao gerufen wird, als niemand dessen Traum deuten kann.

Josef selbst träumt, als er noch jung und bei seinem Vater ist, von sich und seinen Brüdern: „Wir waren miteinander auf dem Feld, schnitten Getreide und banden es in Garben. Auf einmal stellte sich meine Garbe auf und blieb stehen. Und eure Garben, die stellten sich im Kreis um sie herum und verneigten sich tief vor meiner."

Der begreifliche Ärger über so viel Anmaßung treibt die Brüder dazu, den „Träumer" als Sklaven zu verkaufen – womit sie genau das Ihre dazu beitragen, dass der Traum in Erfüllung gehen kann.

Die Josefsgeschichte ist die Geschichte einer erstaunlichen Karriere; aber vor den Aufstieg ist der Abstieg gesetzt: die Trennung vom Vater (die Mutter verlor Josef schon früher), der Weg in die Fremde, in die Sklaverei, zuletzt ins Gefängnis. Josef muss erst reif werden für seine hohe Berufung. Sonst wäre er vielleicht ein eitler, machtbesessener Despot geworden, anstatt sich als „Stellvertreter zu wissen – nicht nur des Pharaos, sondern einer noch höheren Macht. Reif wird man, indem man durch den Tod der eigenen Wünsche hindurchgeht. Das ist der Sinn des „Abstiegs" und das Ergebnis heißt (in der Sprache der Tiefenpsychologie): Wandlung. Die Brüder machen in kleinerem Maßstab etwas Ähnliches durch, als Josef sie in Ägypten auf die Probe stellt. Es lohnt sich, die Geschichte einmal zu lesen mit der Frage, ob die Brüder am Ende noch einmal so handeln würden wie zu Beginn.

Das Bilderbuch erzählt die Josefsgeschichte in erster Linie als Geschichte der göttlichen Vorsorge. Josef und seine Brüder, das ist aber auch eine Geschichte der Wandlungen, durch die Menschen zu sich selbst und dadurch erst im wahren Sinne zur liebenden gegenseitigen Annahme finden.

Die Geschichte von Josef und seinen Brüdern steht in 1. Mose/Genesis in den Kapiteln 37 und 39 bis 50.